한 컷 제주 100

안상근 : 제주에서 태어났으며 중등교장으로 퇴임해 고향에 눌러 산다. 2004년 〈현대시문학〉으로 등단하였으며 세계서예전북비엔날레(2007) 시화전에 「지삿개의 교향악」을 출품하였다. 현재 한국언어문학회와 제주문인협회 회원이다. 시집으로 『바람 사이로 흘러내리는 시간』, 『그날, 오늘 같은 날』, 『한 컷 제주 100』이 있다.
E-mail: anava07@daum.net
Blog: http://blog.daum.net/anava07

다층현대시인선 166
한 컷 제주 100

발행일 2019년 10월 30일
지은이 안상근
펴낸이 김동진
펴낸곳 도서출판 다층
등록번호 제27호
주소 (63211)제주특별자치도 제주시 오복5길 10, 1층
전화 (064)757-2265/FAX(064)725-2265
E-mail dc2121@empas.com

ISBN 978-89-5744-092-6 03810

값 9,000원

다층현대시인선 166

안상근 시집

한 컷 제주 100

다층

*페이지 시작 부분에 〉표시는 연을 구분하는 표시입니다.

시작始作을 위한 시작詩作 노트

— 시인의 말을 대신하며

1.

10여 년 전, 2009년부터 하나씩 메모하여 우선 23편까지를 나의 두 번째 시집 『그날, 오늘 같은 날』(2015) 속에 〈제주단상〉으로 발표했고 이제 100편을 묶어 『한 컷 제주 100』으로 이름을 달리하여 내놓는다.

2.

우선, 두 번째 시집 『그날, 오늘 같은 날』 단평 중 원진숙 교수의 글을 일부 수정하여 다시 실었음을 밝힌다. 그리고 양전형 시인의 단평을 추가하여 실었다. 그 고마움을 가슴에 새기겠습니다.

3.

현재 있는 것들이 가장 오래된 것이다.

시골 어느 노인의 집 벽에 걸려있는 빛바랜 누런 사진들, 우연히 옛날 앨범을 보고 있노라면 사진의 주인공보다는 그 배경이 되는 자연과 문화, 당시의 시대상황과 일상생활에 눈이 간다. 그 시절에 대한 기억을 반추할 수 있기 때문이다. 어쩌면 나 스스로도 이른바 레트로Retro 또는 뉴트로New-tro 흐름을 타고 있는지 모르겠다. 사라지는 것들에 대한 미련이랄까. 그 시대의 추억을 소환하거나 아니면 조금이나마 옛 모습의 추억이

묻어나는 곳을 찾아 둘러보다 보면 어느새 과거의 한 순간으로 되돌아간 나를 발견할 수 있었다.

워즈워드는 "모든 좋은 시는 강한 감정의 자연발생적인 표현이다. 그러나 시는 고요히 회상된 정서에 기원하는 것이다. 그렇게 회상된 정서를 한동안 묵상하고 나면 일종의 반사작용에 의하여 그 고요의 상태는 차츰 사라지고 처음 명상의 대상이었던 정서와 닮은 제2의 정서가 생겨나서 실제로 마음속에 자리 잡게 된다."라고 하였다.

어쩌면 이번 시작詩作의 시작始作은 지금이라도 가장 오래된 현재의 기억을 간직하여 옛것을 다시 찾기를 바라면서 흘러가는 시간을 조금이나마 기록하고 저장하려 함일 것이다. 언젠가 사라지겠지만 누군가에 의해 다시 소환될 '나의 고향 제주'를 남기기 위해…

4.

태어나 군 생활을 제외하고 60여 년을 내 고향 제주를 벗어난 적이 없다. 그래서인지 모든 있었던 것들이 있는 그대로 있을 줄 알았다. 늘 봐왔던 것들이 이제는 흔하지 않은 기억이 되어 어느 날 섬광처럼 가슴에 내려앉았다. 그저 그런 것들이 별처럼 가슴에 와 박혀 한동안 숨을 쉴 수가 없었다. 그게 하나의 인상이라고 해도 좋고 장면이라 해도 좋고 하나의 상념이라 해도 될 터이다. 그날이 2009년 9월 25일이라 기억된다.

오늘도 기억을 꺼내어 놓는다. 그 시절의 삶에 녹아 있던 내 고향 모습, 자연 그 자체와 일상의 삶들을 눈과 손으로 입과 코로 그리고 가슴으로 기억을 찾으려고 애쓰기도 하고 너무 흔한 거라 기억하지 않으려 해도 강제로(?) 저장되었던 것들도 있다. 그러나 이제는 그 흔한 기억들이 잊혀져가고 있다. 어떤 것은 그 흔적조차도 찾을 수 없어 가슴이 헛헛하다.

5.

김수영 시인이 부단히 강조하고 있는 현대성은 시의 형식이나 기교 또는 방법론과 관련되었다기보다는 대상에 대한 시적 인식, 즉 정신적 태도와 관련된다. 말하자면 그의 시적 인식은 "사물을 보는 새로운 눈과 각도의 발견"이다. 그리고 현실 참여를 통한 자유의 이행을 위해 현실성의 강조를 바탕으로 한 시작 방법도 활용하고 있다.

어떤 때는 제주의 '드러냄'으로 어떤 때는 제주의 '감춤'으로 다가서는 것들을, 가장 과거의 제주라는 지금을 사진과 같이 제주를 '보다'와 인상주의 그림과 같이 '읽다'가 서로 넘나들며 남기고 싶었다.

사라져 가는 것, 아니 잊혀가는 것이라 해야 옳을 듯하다. 잊히기 전에 눈귀에 담고 가슴에 넣어 두고 싶다.

내 고향 제주의 머리와 심장과 발이다.

제주의 자연이며 속살이다.

제주인의 삶이며 문화이다.

6.

제주에 대한 짧은 인상을 3행의 연작시 형태로 썼다. 나의 두 번째 시집 『그날, 오늘 같은 날』 단평에서 박우현 시인은 '3이라는 숫자는 완성과 궁극을 상징한다고 신화 세계는 말한다. 또 3줄 형식은 시각적으로 훤하고 짧아서 가독성과 전달력이 있다. 이런 욕망이 3줄 형식을 자연스레 취한 것으로 보인다.' 고 말하고 있다.

또한 故 권재효 시인은 연작시의 변형된 형태로 보며 아래와 같은 시적 효과를 보인다고 말한 바 있다.

> 첫째, 절제의 미학이다. 「濟州 斷想」* 은 제주의 한 단면을 순간적으로 포착하여 제주라는 큰 그림을 완성해 가는 일종의 귀납적 작업이기 때문에 장황함은 가장 피해야 할 요소가 아닌가 한다. 순간을 포착한다는 이 찰나성을 위하여 고도의 집중성이 요구되고 이러한 요구에 短詩는 유효한 수단이 아니었을까 한다.
>
> 둘째, 디지털 시대에 적응하기 위한 시인 나름대로의 실험이 아니었을까 한다. 요즘은 모바일 시대이다. 모바일 시대의 독자들에게는 2, 3행의 짧으면서도 강렬한 시가 호소력이 있지 않을까 한다. 「濟州 斷想」은 형식상 한 편의 시이지만 한 번에 다 읽을 필요는 없다. 어느 단락을 읽더라도 완성품이기 때문에 디지털 시대에 적합한 시 형식이 아닌가 한다.

살아가는 만큼 잊혀가는 기억들이 많기 때문이 아닐까? '제주의 원형에 대한 시적 기록'이라고 말하고 싶다. 또한 나 스스로의 정체성 찾기에도 다름이 아니다.

그 가슴속의 뜨거움과 안타까움은 3행이면 족하다고 생각한다. 그게 가독성 때문이라 해도 좋고 절제의 미학이라 해도 좋다. 강렬함이 주는 순간적인 인상은 단시短詩가 알맞을 것 같고 더욱이 '3'이라는 우리 민족의

* 나의 두 번째 시집 『그날, 오늘 같은 날』(2015)에 실린 작품명으로 이번 세 번째 시집에서는 『한 컷 제주 100』이란 제목으로 바뀌었음을 밝힌다. 이전 작품은 23편임. 이하 동일하다.

어떤 정서적 특징과 연결이 된다면 더 좋을 것 같았다. 3행이라는 것 외에 무슨 특별한 형식을 의식하거나 계획하지 않았다.

그리고 하나의 상황과 인식이라는 교차된 프레임이라는 기본에 충실하다 보니 각 편은 논리적 관계도 없고 시공간의 연결고리도 없으며 독립된 옴니버스식이라 봐도 무방할 듯싶다.

단지 바란다면, 각각의 서로 다른 시편(한 컷)들이 우리가 손쉽게 가볍게 꺼내 볼 수 있는 제주의 모습들이었으면 좋겠다. 친근하게 가슴에 남았으면 한다. 나는 그것으로 만족한다.

7.

변화되고 파괴되고 있는 것은 제주의 풍광, 문화, 역사만이 아니다. 제주 방언 역시 급속히 사라지고 있다.

제주특별자치도의 『개정증보 제주어사전』 발간사(2009)에서 "제주어는 끈질긴 생명력으로 보존·전승되고 있는 다양한 문화유산 가운데서도 제주문화의 정수를 읽을 수 있는 원형으로 인정받고 있다. …(중략)… 제주 사람들의 문화적 상상력을 한층 깊이 접할 수 있게 한다. 그런데 이처럼 값진 제주어가 새로운 문명의 전개와 개방, 교류라는 시대적 변화에 따라 사라져 가는 안타까운 시점에 이르렀다."란 말에 동의하며, 소수의 언어인 변두리 방언의 미학이 우리의 일상 속에 소생할 수 있도록 제주어로 된 작품과 표준어로 된 작품이 섞여 편마다 달리하며 제주어로 표기된 시는 독자들의 편의를 위하여 표준어 풀이를 덧붙였다.

8.

이 글의 마무리를 프랭크 크레인의 말로 대신하여 끝맺을까 한다.

"당신이 해야 할 일이라고 느끼기 전까지는 그 어떤 것도 당신에게 '필요한, 중요한' 것일 수 없다는 것은 진리다."

2019년 기해 시월의 어느 멋진 날에

안상근

차례

단평 및 해설

(1)

바다를 품고 고요히 앉아 있는
제주의 마을은
한참을 바라보아도 지루하지 않다.

(2)

무너진 울담에서 생긴
차가운 바람에
누런 감물 냄새가 잘박잘박 녹아 있다.

(3)

어둠 속 제주 파도는
면도날처럼 반짝
바람 아래 하얀 날을 세운다.

(4)

모살 고망 게실게실
게들레기도 제 집 찾아 돌아가고
촐람생이 똥깅이는 돌 트멍으로 들어가 눈구넉만 벨롱.

▪ 제주어 풀이 ▪

모래 구멍에 부석부석
소라게(집게)도 자기 집 찾아 돌아가는데
촐랑촐랑거리는 (먹을 게 못 되는) 게는 돌 틈으로 들어가 눈망울만 깜박

(5)

동글동글 자글자글 알작지 해안*
설야만큼이나 석양에 반짝이는 몽돌
그 밤처럼 머언 곳에 여인의 옷 벗는 소리는.*

* 알작지 해안: 제주도 제주시 내도동에 있는 작은 몽돌(조약돌)로 만들어 진 해안 이름
* 김광균의 「설야」 일부를 인용함.

(6)

감춤의 길이요, 마음의 길, 올레가
지금은 바다로 오름으로
휘감아 도는 바람마냥 오롯이 이어지고 있는데.

(7)

이번 칠월 까만 등을 단 제주 배에 올라
제주 색시하고 살렵네*
그 백석은 지금쯤 동해에 가 있을까.

* 백석의 「동해」 일부를 원용함.

(8)

오름의 등줄기도
해안의 굴곡도
우리들 시선과 함께 줄달음친다.

(9)

한가운데
한라산은 줄기와 굴곡 없이
지금은 겨울을 만나 휴식을 취하고 있다.

(10)

제주의 바다는 하늘이었고
하늘은 바다의 울림이었던
그 바다와 하늘은 한 줄의 선으로 남는다.

(11)

멍구젱이 낭에서는 임제 찾는 생이 소리 날리고
어랑어랑 콩밧에는 부에난 소리 퍼지고
놀레온 육지 손님은 예쁘다 소리 지르고.

▪ 제주어 풀이 ▪

옹이진 나무에서는 제 짝 찾는 새소리 날리고
야들하고 윤이 나는 콩밭에는 화가 난 소리 퍼지고
놀러 온 육지 손님들은 예쁘다는 소리 지르고

(12)

내 고향 제주는
겨울 들어 눈 내리는 게 아니고
눈 오니 겨울 든다.

(13)

얼기설기 쌓은 돌담
울담 밭담 원담 산담
고수목마의 잣담까지, 무더기 머들까지, 그 위에 바람이 있다.

(14)

하늘에서 보는 제주의 땅은

퍼즐이었다, 흔적 없는 퀼트였다

아니 어릴 적 내 옷에 덧댄 천의무봉 어머니 바느질이었다.

(15)

해안도로변 어디에서나
홀로 선 나무들은 머릿결 흩날리는 여인네
비원의 제주 바다를 향해 서 있다.

(16)

제주의 오름은 고요가 깔려 있다

휘모리의 벅참이 아니라 진양조의 숨결로 다가온다

산은 신혼의 성적 교감으로 남지만 제주의 오름은 서로의 살에 대해 잘 아는 사이의 그것이다.

(17)

사려니숲길* 길가 외줄 돌담이
오롯이 무덤임을 말해 주는데
이내 다시 흰 눈 속 정경으로 다가선다.

* 사려니숲길: 제주시 봉개동의 비자림로에서 서귀포시 남원읍 한남리의 사려니오름까지 이어지는 숲길 이름으로 '사려니'는 신성한 곳이라는 뜻임.

(18)

오늘, 오름의 새 길을 개척했다 뽐내네
오름 그 능선에 무턱대고 찍어 내린 발자국
결국 그것을 오름 사랑이라 외치네.

(19)

덤벌 꿩바치는 꿩빙애기 심젠 이레 화륵 저레 화륵
촐왓 촐놉은 빈 촐을 이레착 저레착
정의골* 돌하르방은 울럿이 상 속솜.

* 정의골: 제주 서귀포시 표선면 성읍리의 옛 명칭

▪ 제주어 풀이 ▪

덤불 속 꿩 사냥꾼은 꿩병아리 잡으려고 여기저기 바쁘게 돌아다니고
꼴밭에서 품삯 받고 꼴 베는 사람은 벤 꼴을 정돈되지 않게 여기 놨다 저기 놨다
정의골 돌하르방은 우두커니 서서 말없이 입을 다물고

(20)

잡힐 듯 보이는 오름의 등줄기
낮 빛으로 떠 있는 집어등의 온기
갈라진 틈으로 삐져나온 야생화의 생기.

(21)

하가리 연못 연화지* 위로 다리가 놓이고
그 앞 감귤 창고는 겉은 그대로지만
속은 간데없이 질 좋은 카페, 외방 손님만 더럭*에 북적북적.

* 하가리 연못 연화지: 제주 제주시 애월읍 하가리에 있는 연꽃 연못
* 더럭: 제주 제주시 애월읍 상가리와 하가리의 옛 명칭

(22)

마을 올레길 넓히자며 울담 뜯고
큰 아파트 짓자며 밭담 헐고
식게떡* 건네던 그 울담, 밭돌 골라 올린 그 장성長城은 어디에서 볼까나.

* 식게떡: 식게는 제사의 제주어.

(23)

ᄇᆞ름 팡팡 불민 모살만 날령 살아져서 웨던 월정리*
바당을
선글라스에 눈을 감추고 카페에 앉아
지중해 어느 해변 같다 연신 카메라 셔터를 누르는
육지 손님들.

* 월정리: 제주 제주시 구좌읍에 있는 마을 이름

▪ 제주어 풀이 ▪

바람 팡팡 세게 불면 모래만 날려서 살 수 있겠느냐 외치던 월정리 바다를(이하 같음)

(24)

눈 내리는 날, 이토록 아름다운 흑백의 조화가 또 어디 있을꼬

한 많은 마맛자국 돌 하나하나에 고운 분칠을 사납게 치고 나면

그제야 제 얼굴 드러내는 돌담의 성들.

(25)

안개는 바다를 떠나
바람으로 동백 언덕에 머물고
달은 떨어져 먼물깍*에 붉은 혀를 감춘다.

* 먼물깍: 제주 제주시 조천읍 선흘리 동백동산에 있는 람사르 습지 이름.

(26)

꽃들의 선혈 낭자한 통곡 소리
차라리 봄의 아우성을 들으며
한라산 등산길 진달래밭 언덕 한 자락 베고 눕다.

(27)

구멍이 숭숭 돌멩이로 쌓아

돌담도 구멍이 숭숭, 바람도 숭숭

애시린 정낭* 한 개 걸쳐진 정주목 그대도 구멍이 숭숭숭.

* 정낭: 제주 민가의 대문 역할을 하며 주인이 있고 없음을 알린다. 하나가 걸치면 가까운 곳에, 두 개가 걸치면 한나절 있다가 돌아오며, 세 개가 걸치면 저녁 무렵에야 주인이 돌아온다는 표시.

(28)

이제 내려오는 새빨간 노을을 송악산*에 작대기로 받치고
그 사이 가장 낮은 자세로 임하는 섬, 가파도
바람 따라 일렁이는 마라도를 그려 넣습니다그려.

* 송악산: 제주 서귀포시 대정읍 상모리에 있는 수중화산체의 오름으로 이중분화구로 이루어져 있으며 그 앞에 가파도, 마라도, 형제섬이 있고 산방산과 이웃함.

(29)

한 귀퉁이가 배꼼히 열려 있는 서녘 하늘
한 줄기 틈새 햇빛이 떨어지는 자구내포구*
한치 말리는 차귀도 바람은 그대로이건만 도대불은 언제나 켜질까.

* 자구내포구: 제주 제주시 한경면 고산리에 있는 포구로 그 앞에 차귀도가 보임
* 윤홍길의 「장마」 일부를 인용함.

(30)

벌레 먹은 잎 하나가 목마른 소리를 흘리며
마치 이겨진 진흙처럼 엉기어
관덕정* 앞 잘 닦여진 포도鋪道 위로 미끄러져 간다.

* 관덕정: 제주 제주시에 있는 조선 시대 단층 팔작지붕 양식의 누정으로 보물 322호이며 제주 관장문화의 터를 상징하는 장소임.

(31)

수만 년, 아니 그 훨씬 이전부터
물속에 가라앉았던 태고의 세월 하나가 용머리로 드러내고
먼데서 온 서방 손님은 접때는 헬프미 시방은 원더풀.*

* 용머리, 서방 손님: 제주 서귀포시 안덕면에 있는 해안 이름으로 하멜(네덜란드) 표착지로 알려지고 있음.

(32)

대낭 꺾엉 낚시에 멜 묶엉 원담* 고망더레 들이치난
흔 고망에 살던 우럭 하르방 손지ᄁᆞ지 다 물어신고라
대낭은 흔들흔들
돌 트멍에 눈치 보던 깅이는 멜만 보멍 게꿈만 부각부각.

* 원담: 해변에 돌담을 축조해 밀물 썰물을 이용해 고기를 잡을 수 있게 만든 곳

▪ 제주어 풀이 ▪

대나무 꺾어 낚시에 멸치를 묶어서 원담 구멍으로 꽂아놓으니
한 구멍에 살던 큰 우럭 새끼 우럭까지 다 물었는지 대나무만
흔들흔들
돌 틈새에서 눈치 보던 게는 멸치만 보며 거품만 부각부각

(33)

할망 서넛 햇볕을 쬐며 서로 안부를 묻는다

그 집 성제는 멧이라, 싯은 어령 죽고 4·3에 둘 죽고 남은 게 여섯마씀

게난 흔 베라, 아이고 놉도 빌어수다.

▪ 제주어 풀이 ▪

할머니…(이하 같음)…

그 집(상대를 가리키며) 형제는 몇이라, 셋은 어릴 때 죽고 4·3에 둘 죽고 남아 있는 사람이 여섯 명입니다

그러니까 한배(어미의 한 태에서 남)라, 아이고 놉(남의 배)도 빌려 낳았습니다.

(34)

제주 바다는 라르고$_{\text{Largo}}$가 없다 그 자체가 알레그로$_{\text{Allegro}}$이다
힘참과 벅참이 쿵쾅거린다
그 안에 제주 사람들이 산다.

(35)

ᄒᆞᆫ끌락헐 땐 먹엉살젠 큰 후젠 아이덜 공부시키젠 물질
ᄒᆞᆫ 숨에 구살 ᄒᆞᆫ 줌, 두 숨에 구젱기 두 줌, 망사리*
ᄀᆞ득
그 지픈 세월 지나니 이제는 할망바당* ᄌᆞᆷ녜일세.

* 망사리: 해녀가 채취한 해산물을 담기 위해 그물로 만든 물건
* 할망바당: 나이 든 해녀를 위하여 구역을 설정해 놓은 육지와 가까고 옅은 바다

▪ 제주어 풀이 ▪

어리고 키가 작을 땐 먹어서 살려고 자란 후엔 아이들 공부시키려고 해녀일
한 번의 호흡(잠깐의 휴식)에 성게 한 줌, 두 호흡에 소라 두 줌, 망사리 가득
그 깊은 세월 지나니 이제는 할머니바다 해녀일세

(36)

부인네들 배꼽밑 뜸질을 하면 아기를 갖는다는 삼양 검은모래*

삼복 볕 구덩이 속 할망들 신경통 없애주는 삼양 검은 모래

수십의 애기 봉분 같은, 그 위로 '시원타' 소리 요란타.

* 삼양 검은 모래: 제주 제주시 삼양동에 위치한 해수욕장이면서 현무암 기반의 모래 해변으로 철 성분을 많이 함유하고 있어 검은 빛을 띤다.

(37)

제 처지랑 닮은 무근성*은 촘촘한 기억들을 하나둘 씻겨내는데
빛바랜 굴뚝으로나마 그 육신을 알 듯한 태평탕*
모진 목숨으로 살아남은 좁은 구린질*이 그저 정겹고 또 고맙다.

* 무근성: 제주 제주시 삼도2동에 있었던 성터로 목관아지 서북쪽에 위치.
* 태평탕: 1963년 문을 열었던 대중목욕탕으로 지금은 폐업됨.
* 구린질: 갈라지고 패인 좁은 길의 제주어.

(38)

호르는 바다를 향해 긴 머리채 뒤로 날리는 별도봉 한 편에

비목처럼 꽂혀진 글자 몇 줄의 무연고 봉분,

이름도 선명한 한국타이어 조각 묶음 위로 내리는 땀방울들.

(39)

직선도 직각도 없는 올레
기약 없는 주인이 남긴,
허벅 깨진 조각들 대낭* 밭에 묻혀 옛 집터임을 알려 주는데.

* 대낭: 대나무의 제주어로, 집집마다 대나무로 살림 도구를 만들었음.

(40)

하염없이 듣기만 하고 또 바라보기만 하는 두 개의 섬*

그 사이 토해낸 일출의 오메가를 구석기 시대 사람들도 보았으리

때마침 붉은 기운 받으며 하소를 들으려는지 새끼 섬 몇 개 불쑥.

* 두 개의 섬: 제주 서귀포시 안덕면 사계리 앞에 서로 마주 보고 서 있는 형제섬을 가리키며 형제섬 앞 바닷가에 선사 유적지가 있음.

(41)

동으로 패인 성산 일출봉, 서으로 솟은 산방산*
시간을 이겨온 이 땅의 힘을 느끼실 겁니다
시련을 견뎌온 이 땅의 자손에 감동하실 겁니다.

* 성산 일출봉, 산방산: 제주 서귀포시 성산읍, 안덕면에 위치한 산(봉) 이름.

(42)

느네 아방 하르방 식게 멩질 헐 고사리 꺾으렌
고사리마 들엇저,
벳 보민 곱아부난 동새벡이 일어낭 갓당 오게.

▪ 제주어 풀이 ▪

너희 아버지 할아버지 제사 명절 지낼 고사리 꺾으라고
고사리 장마 들었다,
별 보면 숨어버리니까 꼭두새벽에 일어나서 갔다가 돌아오자.

(43)

올레 6코스의 끝, 7코스의 시작에는 늘 많은 무리들이 있다

사무쳐 돌이 된 할망바위 외돌개*는 물 위에 떠 있는 하르방만 보고

그 곁 황우지 해안에는 감탄사가 풍덩, 일제의 진지동굴은 눈에 없다.

* 외돌개, 황우지 해안: 제주 서귀포시 서홍동에 위치한 기둥 바위와 해안 이름.

(44)

살기 위해 흙 속에 묻힌 돌멩이들을 찾아내야 한다 한 톨의 씨라도 뿌릴 양이면 땅에서 돌멩이를 찾아 모아야만 했다

그 굴곡의 흔적이 높이에 상관없이 지적도 토지 넓이로 그려져 있다.

(45)

차작차작 유월 장마 들면
이집 저집 따다닥따다닥 보리 볶는 소리
개역,* 그 구수함의 계절이여.

* 개역: 미숫가루의 제주어.

(46)

음력 팔월 초하루, 그쯤이면 '벌초허여수광'*이 인사
어느 집 산이 '골총되어서라'*가 그 집안의 성쇠를 가늠하고
산담을 경계로 속이냐 바깥이냐 산담걷냐*가 씨족의 대수와 장유를 짐작하나니.

* 벌초허여수광: '벌초했습니까'의 제주어로 벌초를 소본(소분, 掃墳)이라고도 함.
* 골총되어서라: '고총古塚되었더라'의 제주어로 골총은 임자가 없어 벌초를 하지 않았거나 후손이 끊겨 방치된 무덤을 가리키는 말.
* 산담걷냐: '산담 위의 잡풀을 제거하느냐'의 제주어로 산담은 무덤 주위로 둘러싼 돌담을 가리키는 말.

(47)

엄쟁이* 편편한 용암 바위, 돌 소금밭
그 옛날 돌 염전은, 오롯이 소금으로 바꾼 곡식 차지였는데
지금의 돌 염전은, 소금터 구경 온 손님들로 왁자지껄.

* 엄쟁이: 애월읍 구엄리의 옛 지명으로 앞바다의 바위지대를 일컫는 말.

(48)

검질 멜 때, 간세다리*는 저 디 저 밧 가리치며 갈랑 메는 게 수요
뭐 먹젠허믄, 야괴염다리*는 매기독닥* 그 소리가 최고요
시도때도 어신, 홈세다리*는 몰른 첵허는 게 명약이라.

* 간세다리: 일하기가 싫어서, 게으름을 피우는 사람을 가리킴
* 야괴염다리: 음식물 같은 것을 얻어먹으려고 배도는 사람을 가리킴
* 매기독닥: 아무 것도 없는 빈 그릇을 보이며 하는 일종의 감탄사. 매기는 다 되었음을 뜻하는 제주어.
* 홈세다리: 무엇을 달라고 보채거나 어리광 부리기를 버릇처럼 하는 아이를 가리킴.

▪ 제주어 풀이 ▪

잡풀 맬 때, 간세다리는 저기 저 밭 가리키며 나누어(할당하여) 매는 것이 방법이요
무엇을 먹으려고 하면, 야괴염다리는 다 먹은 그릇을 보여주며 '매기독닥' 그 소리가 최고요
때가 없는(아무 때나 계속해서 칭얼대는), 홈세다리는 모른 척하는 것이 명약이라.

(49)

낯선 땅 제주 첫걸음을 내딛던 별도포*
제주 사람과의 만남과 이별, 그 배비장* 무대
제주목사 살려낸 고으니ᄆᆞ루* 뱀, 뱃길 무사無事 해신사*
로 남아 있다.

* 별도포: 제주시 화북동에 위치한 화북포구의 옛 지명.
* 배비장: 고전소설 〈배비장전〉을 말함.
* 고으니ᄆᆞ루: 제주시 사라봉 남쪽에 위치한 지명으로 'ᄆᆞ루'는 제주어로 언덕을 뜻함.
* 해신사: 바다의 용왕에게 해신제를 지내는 화북포구에 위치한 곳.

(50)

오늘도 무사히 용왕님전 비는 바다를 닮은 해녀들의 불턱*
그 깊은 바다 속내의 나눔, 고단한 경험의 공유
살아 있음에 감사하며 파르르 떠는 몸 녹이는 그녀들만의 휴식처.

* 불턱: 해녀들이 바다에 나가 물질을 준비하거나 들어와 휴식을 하기 위해 만든 공간.

(51)

하얀 꽃잎 피어나는 목숨 질긴 문주란文珠蘭, 토끼섬*을 아시나요
그 속에 숨어 있는 해녀들 콩 이야기를 아시나요
식솔 늘어나는 것이 두려워 뱃속 태아를 지우려 먹었던 목숨 질긴 해녀콩 이야기 말이외다.

* 토끼섬: 제주시 구좌읍에 위치한 섬으로 문주란의 자생지로 알려짐.

(52)

강정천, 그 물결을 거슬러 이른 봄날의 은어는 두어 마리 돌아오건만

너, 강정 구럼비*는!

우뚝 선 평화의 섬, '죽이는 건 쉬워도 … ' 현수막 빛바랜 글씨처럼 마음의 빗은 어쩔 수 없네.

* 강정 구럼비: 서귀포시 대천동 강정마을에 있는 너비 150m 길이 1.2㎞의 한 덩어리로 된 용암너럭바위.

(53)

강화 교동도에서 사면 휘장에 싸여 들어 온 곳, 행원포구
광해, 그가 걷던 유배길 화북 거로마을에서
유배시킨 인목대비 어머니 노씨의 탁주 한 사발이나
했으려나.

* 광해군의 제주 유배길은 1637년 제주시 구좌읍 행원포구에서 출발하고, 그가 유배시킨 노씨 부인은 1618년 제주시 화북 거로마을에서 탁주를 팔며 연명했다 함.

(54)

빛나는 인공의 숲에서 살아가는데 익숙한 '나'만의 우리들

곶자왈*, 그 보잘 것 없는 것들의 무더기

북방 남방 가리지 않는 포용, 공존의 숨소리를 이제는 알까.

* 곶자왈: 화산이 분출할 때 점성이 높은 용암이 크고 작은 바위 덩어리로 쪼개져 요철(凹凸)지형이 만들어지면서 나무, 덩굴식물 등이 뒤섞여 숲을 이룬 곳을 이르는 말로, 숲을 뜻하는 제주어 '곶'과 자갈을 의미하는 제주어 '자왈'이 합쳐진 제주 고유어.

(55)

쉐*를 모아 두었던 곳이라 하여 쉐둔*에

백중날 돈내코* 할망들 때린 물 흘러내려 소沼가 되었다네

그 끝에 바다와 만나니 이제는 젊은 연인들의 쇠소깍.*

* 쉐: 소를 뜻하는 제주어.
* 쉐둔: 서귀포시에 있는 효돈동洞의 옛 지명.
* 돈내코: 서귀포시 상효동에 있는 계곡으로, 멧돼지들이 물을 먹었던 내[川]의 입구라는 뜻이며, 백중날 계곡물을 맞으면 아픈 몸이 낫는다고 믿어 물맞이 풍습이 있음.
* 쇠소깍: 서귀포시 하효동에 위치한 절경으로, 쉐둔의 '쇠'와 연못의 '소' 끝을 나타내는 '깍'이 합쳐진 이름

(56)

세월의 주름을 지닌 수월봉, 바다에 의지한 엉알길* 이 또한 추억 담으니 그 또한 주름이요, 굽잇길이라 홍 돋은 바람 소리는 귀를 더듬고 넘어가는 가을빛을 낚아채네.

* 엉알길: 제주시 한경면 고산리에 있는 봉우리인 수월봉 아래 길을 가리키며, 벼랑이나 '절벽'을 뜻하는 제주어 '엉'과 '아래'의 뜻인 '알'이 합쳐진 말.

(57)

시간의 존재인 우리들에게 빠름은 사라짐일 뿐이다
제주 속살은 느릿느릿 보아야 한다
어디를 가든 두 손가락 속 프레임은 모두가 한 폭의 그림으로 남기 때문이다.

(58)

된장 풀어 가득 담은 자리물회

그 붉은 가을 햇살 다 받은 늙은 호박이 어울리던 갈치 호박국

그 시절 우리 맛이 그립습니다.

(59)

깊숙이 뽑아 올리는 삼다수, 그 빛, 그 자랑거리
먹을 수 없다는 경고의 용천수, 그 빛바랜, 그 옛날 얘기
왜 가슴 한쪽이 시려 올까요.

(60)

부끄러운 어깨선 드러내던 오름의 능선에 쇠막대 박더니
이제 와 보이는 건 쇠부구리* 같이 박힌 콘크리트 집, 집, 집
산담에 오롯한 봉분, 돌과 낭*이 물 흐르는 곶자왈은 사진으로만 남습니다.

* 쇠부구리: 소에 붙어살던 성장한 진드기
* 낭: '나무'의 제주어

(61)

아홉 개의 샘, 하늘이 내려줬다 해서 낙천*
불미간*의 시작이 아홉굿마을*이 되고
그곳에 조병화의 의자가 아니더라도 그저 가다가 누구나 쉴 수 있는 천 개의 의자가 산다.

* 낙천: 제주특별자치도 한경면에 속한 마을 이름.
* 불미간: 대장간의 제주어, '불미'는 풀무[冶]를 뜻함.
* 아홉굿마을: 아홉 가지 좋은 것[Good]이 있는 마을이라는 의미.
* 조병화의 시작품 이름 '의자'를 인용함.

(62)

ᄀᆞᆸ데가리* 없던 무충이*, 잘 하는 게 없는 서툰바치*
그런 뚜럼*들이 살았던 제주
그런- 곳, 그 속에서 사알-던 때가 그립습니다.

* ᄀᆞᆸ데가리: 분별력을 낮추어 이르는 제주어.
* 무충이: 총명하지 못한 사람을 이르는 제주어.
* 서툰바치: 어떤 일에 경험이 부족하여 솜씨가 서툰 사람을 이르는 제주어.
* 뚜럼: 약간 모자란 듯한 사람을 이르는 제주어.

(63)

큰 나라에서 온 사람들의 똥오줌 쓰레기를 다 치우고
큰 나라에서 온 사람들이 버린 고함과 무질서 주워 담으니
그래서 요즘 살림살이 좀 나아지셨습니까?

(64)

해삼 잡앙 바당 나오민 반착
구젱긴 까도 까도 그만이
바룻잡은* 구살은 바들랑바들랑.*

* 바룻잡다: 바다 속이 아니라 바닷가 돌밭에서 해산물을 잡는 것을 이르는 제주어.
* 바들랑바들랑: 손과 발 따위를 되는 대로 내흔드는 모양 또는 무언가로부터 벗어나려는 동작을 이르는 제주어.

▪ 제주어 풀이 ▪

해삼을 잡아서 바닷물 밖으로 나오면 반쪽
소라는 속을 들추어내도 그만큼
바닷가 돌무더기에서 잡은 성게는 바둥바둥

(65)

코지와 개*가 리듬으로 드러내 눈으로 보는 변주의 풍요를 듣고 있노라면
어느새 바다는 이어진 선이 되고
제주섬은 모아진 점으로 남는다.

* 코지와 개: '코지'는 해안가에서 육지가 바다로 돌출해 나아간 곳, '개'는 '코지'가 둘러싸여 들어간 곳을 이르는 제주어.

(66)

모질고 모진 모슬포 바람, 그 거칠고 거친 거-ㄹ
온몸으로 막아 날이 선 위용, 바굼지오름*
날개 편 기슭에 선 추사*도 거친 풍파 마다하지 않았으리.

* 바굼지 오름: 제주특별자치도 서귀포시 안덕면과 대정읍(모슬포의 행정 지명) 경계에 있는 오름으로 박쥐의 제주어인 '바구미'가 변한 말. 바구니 모양 닮다고 하여 단산簞山이라고도 함.

* 추사: 1840년부터 1848년까지 유배 생활을 했던 추사 김정희

(67)

출레[*]는 수까락으로 거려 먹는 게 아니라 적저 먹는 거란다
할망 말에 출람생이[*] 사라지던 그 날의 밥상 풍경
ᄌᆞ냥[*] 그것만 있었을까, 식구들 '우리'는 없었을까.

* 출레: 젓 따위의 반찬을 이르는 제주어
* 출람생이: 촐랑거리기를 잘하는 사람을 낮추어 부르던 제주어
* ᄌᆞ냥: '아껴 비축하다'는 뜻의 제주어

▪ 제주어 풀이 ▪

반찬은 숟가락으로 떠먹는 것이 아니라 적시어 먹는 거란다
할머니 말씀에 촐랑거리던 아이 사라지던 그 날의 밥상 모습
아끼려 한 것만 있었을까, 우리란 식구들은 없었을까.

(68)

이 동네 저 동네 그 길이 그 길인 이 골목 저 골목
바람길 따라 수선화 달빛 따라 달맞이꽃이 어우러진
등 굽고 굽 낮은 울담길.

(69)

삼별초 항쟁의 수원水源, 구시물*
그 옛날 콜레라 창궐에도 지켜낸 , 구시물
지금도 물은 흐르지만 '이 샘물은 음용수로 이용할 수 없습니다.' 팻말.

* 구시물: 제주특별자치도 제주시 애월읍 상귀리에 있는 용천수.

(70)

밥과 불을 지키는 여산부인 조왕할망*
그 부인 죽이고 일곱 아들 죽이려던 통시할망*
정주목하르방 처첩의 인간사가 삶의 지혜로 살아남았다.

* 여산부인 조왕할망, 통시할망: 남선비의 조강지처이며 일곱 아들의 어머니인 '여산부인'은 악녀인 '노일저대귀일의 딸'에게 죽임을 당하나 막내 아들의 총명함으로 다시 살아나 부엌을 관장하는 조왕할망으로 좌정하고, 악녀는 통시(변소를 뜻하는 제주어)를 관장하는 악신이 되었으며 남편인 남선비는 정주목하르방이 됨.

* 제주신화의 〈문전본풀이〉를 원용함.

(71)

꽃봉오리와 꽃잎이 이어피기 부처꽃의 자비러니
가신 님 못 잊어 제주 무덤가에 피어난 석달 열흘의 헌화, 백일홍
이름 없던 꽃이 이제는 육지 넓은 집으로 옮겨진 정원수, 배롱나무.

(72)

이름을 부르고 듣는 것만으론 정겹고 예쁜 알뜨르*

여기저기 무덤처럼 불쑥 솟아난 격납고 그 두께만큼이나 먹먹하고, 알뜨르 비행장 지하벙커 그 깊이만큼이나 막막한데

송악산 바람은 보리밭을 돌아 아픈 상흔 덧나지 않게 후후 불며 푸른 물결로 일렁인다.

* 알뜨르: 제주특별자치도 서귀포시 대정읍 상모리에 있는 곳으로, '알'은 아래, '뜨르'는 들판이라는 의미의 제주어

(73)

제주사람 똥을 먹고 살았던 똥도새기*
그 똥도새기 똥으로 살았던 제주 땅
그 땅에서 먹고 사는 제주사람들이었는데.

* 똥도새기: '똥돼지'의 제주어

(74)

노란 유채꽃이 필 때쯤이면 북촌초등학교에는 울부짖음이 둥둥거립니다

손님들 방문에 너븐숭이 순이삼춘과 옴팡밭 애기무덤도 깨어납니다

길 잃은 나그네는 선흘리 불카분 낭*에서 한 숨을 가라앉힙니다.

* 불카분 낭: 불타버린 나무란 의미의 제주어로 현재 살아남아 푸르름을 자랑하고 있음. 제주시 조천읍 선흘리에 있음.

* 제주 4 · 3의 아픔을 간직한 제주시 북촌 마을에 있는 북촌초등학교와 넓은 돌밭이란 뜻인 너븐숭이, 오목하게 들어갔다 하여 옴팡밭은 4 · 3 유적지임.

(75)

보리태작 ᄀ시락*은 가슬락 가슬락
모인조팝도 가슬락가슬락
등따리는 와싹와싹, 그 시절 뜨겁던 태양 아래 풍경이 떠오르는 이 시절.

* ᄀ시락: '까끄라기'의 제주어

▪ 제주어 풀이 ▪

보리 타작하는 날 까끄라기는 몸에 붙어 까끌까끌
메조밥도 진기가 없어 (입안에서) 흩어지고
(햇볕에 그을린) 등은 여기저기 뜨거워 따끔따끔,(이하 생략)

(76)

오름이 돋아있던 한라산 자락에 콘크리트 굵은 각이 올라타고 있지만
그래도 청산, 영주산, 산방산이 우뚝
물속에 감추었다 보름 그뭄에 드러내는 더럭산은 수줍기만 하다.

* 제주의 5대산으로 한라산, 청산, 영주산, 산방산, 더럭산을 말하고 청산은 지금의 성산일출봉을 가리키며, 더럭산은 제주시 구좌읍 김녕리 덩개해안 수중 암초를 말함.

(77)

일만 팔천 신에 빌고 빌며 살았던 제주사람들
신구간, 이때만은 조바심 없는 그들의 삶, 심지어 통시*
까지도 마음대로 할 수 있는
지금도 이어지는 이사철의 행렬.

* 통시: 돼지가 살았던 '화장실'의 제주어

* 제주에서의 '신구간'은 대한 후 5일에서 입춘 전 3일까지의 기간을 가리키는데 이 때는 지상에서 인간사를 관장하는 신들이 옥황상제에게 올라가 보고하고 임무를 맡는 신들의 부재기간이라 하며, 특히 제주에서는 '이사하는 기간'이기도 함.

(78)

'식게 안흔 건 놈 모르곡, 소분 안흔 건 놈이 안다'는 말은
음력 팔월 초하루 모둠벌초도 벌초방학도 이미 흑백 사진으로 내려앉아
안거리 밖거리 모커리* 없는 이 날에 혼벌초라도 다행.

* 안거리 밖거리 모커리: 제주초가 구성에서 안채, 바깥채, 곁채를 일컬음.

▪ 제주어 풀이 ▪

제사 안 한 것은 남(다른 사람)이 모르고, 소분(벌초) 안 한 것은 남이 안다.(제주속담)

\- 이하 생략 -

(79)

제주초가는 바람이다
하늘과 땅에 자신을 낮추어 앉게 하는
용마름도 없고 모도 나지 않게 꽁꽁 동여맨 채로,

(80)

돌과 바람의 땅에 사는 그들의 성정과 같이
작지왓* 뿌리에 숨겨진 따뜻함과 촉촉함을 아는가?
눈바람 온몸으로 막고 이글거리는 햇볕 아래 습기를 만드는,

* 작지왓: 작은 돌멩이들이 많은 '자갈밭'의 제주어

(81)

흑룡만리 제주 밭담

누구는 경계라 하고, 누구는 차단이라 하지만

얼기설기 바람이 드나들고 숨 쉬는 작은 것들의 통로일지니.

(82)

추사의 교우, 광해의 명암, 조정철과 홍윤애의 연모*…
이 섬에 온 육지 유배인들
그들 자신은 불행일지 모르나 그들이 있어 제주는 행복하였네라.

* 추사 ~ 연모: 이상적과 '세한도', 제주인 매계梅溪 이한우(1823~1881)의 '영주 10경'은 김정희의 교우에서 비롯되었고 광해는 1637년 제주시 구좌읍 행원포구로 기착하여 1641년 죽을 때까지 살았던 적소터가 제주시 이도1동에 있음. 또한 조정철(1751~1831)과 홍윤애의 사랑과 죽음, 그리고 통곡의 추모 헌시 비문과 묘지가 제주시 애월읍에 있는 등 제주에 온 유배인들의 흔적이 곳곳에 남아 있음.

(83)

깅이죽*은 젓지 말곡
쉰밥은 쉰다리*허곡
경허당도 부께불민 콩국은 펀펀헌다.

* 깅이죽: 게로 쑨 죽의 제주어
* 쉰다리: 쉰 듯한 밥에 누룩을 넣고 발효시킨 음료

▪ 제주어 풀이 ▪

게로 쑨 죽은 (멍울진 것 풀어지면 안되니- 비릿한 맛을 막기 위해) 젓지 말고
쉰 듯한 밥은 쉰다리하고
그렇게 하다가도 (한눈팔아) 끓어 넘치면 콩국은 콩가루는 사라지고 말갛게 되어버린다

(84)

모든 냉국은 된장 하나면 되고

우리집 숭키는 우영팟*이면 되고

지져먹는 건 마농지시*만 있으면 되는 둥그런 밥상 차림.

* 숭키는 우영팟: 숭키는 온갖 나물, 우영팟은 울타리 안에 있는 텃밭의 제주어

* 마농지시: 마늘장아찌의 제주어

(85)

애기 흥그는* 소리 자랑 자랑 웡이자랑
어화 낭천 어화로다*는 행상行喪 소리
고맙게도 숨비소리와 함께 지금까지 남은 이여싸 이여싸 이여도싸나.

* 흥그는: '흔드는'의 제주어
* 어화 낭천 어화로다: '어화 능창, 어화롱창, 어화넝창, …' 등 지역마다 조금씩 다름

(86)

오름의 아침을 깨우는 테우리* 소리
오름의 경계를 허무는 쇠[牛] 무리
쇠[牛]소리, 바람소리, 새소리밖에 없는 세상을 가로지르다.

* 테우리: 주로 말과 소를 들에 놓아먹이는 사람

(87)

오늘도 제주 바당 해녀들은
칠성판 지영 나상 곱닥흔 우미 바당 속 걷당 보민
물 밖은 테왁[*]만 동동.

* 테왁: 박의 씨통을 파내 구멍을 막은 것으로, 해녀들이 바다에서 작업할 때 채취한 해산물을 담아 물 위에 뜨게 만드는 도구.

▪ 제주어 풀이 ▪

오늘도 제주 바다 해녀들은
칠성판 지고 나서서 고운 우뭇가사리 바다 속을 걷다가 보면
물 밖은 테왁만 동동(떠 있네)

(88)

법환 포구 막숙포
막숙포 앞 범섬
명월포 목호*, 물 건너는 그들의 숨결도 여기서는 하나이리니.

* 법환 ~ 명월포: 목호들이 제주시 한림읍에 있는 명월포에서 항거를 시작했고 최후 항쟁지인 범섬을 보며 최영 장군이 막을 쳤다 해서 붙인 포구 이름이 막숙포로 서귀포시 법환동에 있음.

(89)

저 멀리 비양도가 보이는 평수 포구
치장한 돈짓물과 허튼쌓기를 한 듬성듬성 돌담 그대로인 고망물*
나그네의 눈은 수없이 엉성한 곳으로만 간다.

* 돈짓물, 고망물: 제주시 한림읍 수원리 평수포구에서 있는 용천수

(90)

한국 천주교 최초의 신부이자 순교자이신 성 김대건 안드레아

'라파엘 호'를 타고 귀국하다가 표착한 곳, 용수리 해안

고국에서의 첫 미사를 봉헌한 곳, 용수리 해안.

(91)

제2공항 논쟁의 뒤편에 현재 위에 겹쳐진 미래가 몸을 숨기고 있다.

탐라개국 혼인지 온평리, 최초의 목마장 수산평야*는 어디로

신산, 난산의 목 잘리는 오름들은.

* 수산평야: 원의 목마장으로 현재 서귀포시 성산읍 수산리 지역을 일컬음

(92)

우뚝 솟은 한라산

고내, 대평, 신산 세 동네의 비원은

골목 바람조차도 고내봉, 박수기정, 독자봉에 머물다 보지 못하는 한라산으로 솟아오른다.

(93)

또 하나의 비원, 엉장매코지*

뭍과의 통로, 조천포구의 돌출이 연륙의 꿈이 되었을까?

설문대할망마저도 외면해 버린 흔적들이 연북정*과 나란하다.

* 엉장매코지, 연북정: 제주시 조천읍에 위치한 곶串과 정자임. '엉장'은 돌 무더기나 바위 따위가 서로 맞물리어 생긴 굴을 가리키며 '엉장매'는 엉장에 있는 뫼, '코지'는 곶串의 제주어.

(94)

신평리 길가 지워진 안내판처럼 열녀오씨지문 사각석문에는 돌이끼 말라붙어 있고
호위병처럼 늘어선 야자수 뒤로 아치형 돌문 지나 정난주 마리아묘 대정성지
추모의 다름이 이채롭다, 그 형용까지도.

(95)

제주 어디에 가나 바람이 산다
올레 울담에 앉아 있다가 오름에 누워 있다가
소리치며 솟아오르는 바람과 함께 울림이 된다, 그제야 제주 사람들의 섬이 된다.

(96)

내도 알작지 알당* 위에는 언제 누가 앉아 먹었는지 모를 술병 뚜껑 두어 개
오라동 방에왓 내왓당* 옆에는 언제 누가 썼을지 모를 고물들이 쌓여 산더미
탐방객은 근경近景을 찍으려 셔터를 누르려는데 해설사는 원경遠景으로 남겨 주십사 간청하네, 공존의 현장을, 사라짐의 모습을.

* 알작지 알당, 방에왓 내왓당: 제주시 내도동 해안에 있는 너럭바위를 알당(아래 있는 당이란 제주어), 오라동에 있는 하르방당이 있었던 방에왓과 그 주변 일대를 가리켜 내왓당이라 함

(97)

길가다 아무 것도 없는 대낭 숲에 거친 바람 소리칠 때면
불타버린 사월 그 날이 섬광처럼 다가선다
그것들은 그 자리에 그대로이건만 눈길은 남음과 사라짐 사이를 헛돈다.

(98)

화산섬, 제주
땅 속에서 분출된 돌물들이 만든 용암동굴들, 그대로일 때
커다란 호수를 품었다는 용천동굴*처럼, 그 닮은 제주 사람들은 참 아늑했는데.

* 용천동굴: 제주시 구좌읍 월정리에 있는 약 3.6㎞의 용암동굴로 공개제한지역임.

(99)

상상의 화구 호수, 작은 언덕의 콜로세움 하논 분화구*
하늘과 땅이 층층이 쌓여 눈 아래 고스란히 남아 있는 수 만년의 생태계 타임캡슐
보롬이*는 그대로이건만 반기는 건 논두렁에 얼굴 내민 농약병과 찌든 물 위 부평초더라.

* 하논 분화구: '큰 논'이란 뜻의 지명으로, 제주특별자치도 서귀포시 서홍동 1003번지와 호근동 70번지 일대 1,266,825㎡ 면적의 한반도 유일의 마르Marr형 분화구와 퇴적층을 일컬음
* 보롬이: 화구내에 있는 화구구火口丘

(100)

장수당을 재齋로 바꾼 귤림서원의 오현 조두석俎豆石
고득종의 향신사에 함께한 김진용 선생께 제향
찾아오는 인적 없고 알 길 없는 제주도 기념물 제1호*,
가르침의 터에는 후손들의 유허비들만 여기저기.

* 제주특별자치도 기념물 제1호: 제주시 오현길 61에 위치한 오현단(오현은 충암 김정, 규암 송인수, 청음 김상헌, 동계 정온, 우암 송시열)으로 그곳에는 향신사와 장수당이 좌우로 함께 있음.

| 단평 및 해설 |

제주의 정체성을 모아놓은 시집

양전형(시인)

1.

모든 사물에는 내용과 사연이 있다.

'내가 인식하므로 그가 존재한다'라는 칸트의 말을 빌리면, 나에게 오래된 사람이 있는데도 평소에 잊고 살아간다거나 일상에서 어떤 사물이 눈으로 다가와도 무심코 스쳐지나가 버린다면 그 상대의 사물들은 내 인식에서 벗어나 그 존재가 없는 것과 같다는 말일 것이다.

아일랜드의 시인 C • D 루이스도 '언제나 의식이 깨어 있을 것' 을 강조한다. 사람들은 고향이라는 것이 오래 떠났다 돌아오는 시공 속에서라야 가슴을 울리는 단어로 생각되거나 또는, 타향살이에서나 느끼고 추억하고 그리워하는 소중함의 대상으로 여기며 살아가곤 한다. 평생을 고향에서 사는 사람에게 고향이라는 장소는 그다지 안쓰럽지도 않고 그립지도 않은 그저 그렇고 그런 정서 속에 자리하는 편이며, 모든 사물에 내용과 사연이 있고 내가 인식함으로 그가 존재한다는 것에 반해 고향의 가치를 인식하지 못하고 지나치며 사는 게 일반적이라 할 수 있다.

그러나 안상근 시인은 이 시집에서 고향 인식이 온몸에, 온 영혼에 뿌리내려 있다고 느껴진다. 내가 나고 자란 땅 위, 고향에 있는 모든 사물들이 한 컷 한 컷 자신의 의식 속에 가치 있는 보물로 살아 숨쉬고 있는 것이다.

(32)

대낭 꺾엉 낚시에 멜 묶엉 원담 고망더레 들이치난/ᄒᆞᆫ 고망에 살던 우럭 하르방 손지ᄁᆞ지 다 물어신고라 대낭은 ᄒᆞᆫ들ᄒᆞᆫ들/돌 트멍에 눈치 보던 깅이는 멜만 보멍 게꿈만 부각부각.

이 한 컷은 바닷가에서 가느다란 대나무에 묶은 낚시로 우럭이라는 고기를 낚는 장면이다. 제주어로 말하는 짧은 시이지만 '원담, 고망, 하르방, 손지, 대낭, 트멍, 깅이, 멜, 게꿈만 부각부각' 어느 단어 하나만 뒤집어 봐도 그 이면에 일련의 연상으로 느낄 수 있는 제주를 은유하고 있다. 사실, 제주어는 의미를 풍성하게 품고 있어서 단어 하나하나 속에 은유가 풍부한 언어이다. 제주어가 얼마나 훌륭한 보물인가를 보면, 십여 년 전에 제주특별자치도 행정에서 '제주도의 문화 보물' 찾기를 하며 도민들에게 설문을 구한 결과 제주도 상징 10대 문화보물이 〈한라산 → 해녀 → 제주어 → 제주4·3 → 제주 돌문화 → 제주굿 → 제주초가 → 제주갈옷 → 귤 → 오름〉 순서로 선정되어 그 내용이 산지천에 설치물로 소개되어 있기도 하다.

안 시인은 고향인 제주에 살면서 순간순간마다 제주의 이미지를 한 컷 한 컷 시로 그려내고 있는 것이다. 사물만 그려 놓는데 아니고 그 그림이 내포하고 있는 제주의 정체성 곧 제주의 문화와 전통, 예로부터 전승되는 제주의 신화와 전설, 조상 대대로의 교훈, 제주의 가슴이 품고 있는 한恨, 제주의 환경, 제주의 생명력과 포용력 등을 항상 인식하며 살아오고 있는 것이다. 어쩌면 안 시인은 이 시집을 엮기 위하여 제주의 모든 사물들을 오래전부터 자기의 내면에 소화하면서 이 컷 작업을 시작한 것 같다. 그러다 보니 자아는 늘 제주섬[濟州島]를 인식하게 되었는지도 모른다.

2.

제주섬은 참 아름답다. 유네스코에 세계자연유산으로 등재된 것을 내세우지 않더라도 정말 자랑스러운 자연을 가졌다. 근데, 이 내 고향 자연이 많이 훼손되고 있다. 사물 인식이 강한 안 시인에겐 내 고향 자연환경 파괴가 상당히 괴로운 일이다.

(22)
마을 올레길 넓히자며 울담 뜯고/큰 아파트 짓자며 밭담 헐고/식게떡 건네던 그 울담, 밭돌 골라 올린 그 장성長城은 어디에서 볼까나.

(52)
강정천, 그 물결을 거슬러 이른 봄날의 은어는 두어 마리 돌아오건만/너, 강정 구럼비는! /우뚝 선 평화의 섬, '죽이는 건 쉬어도 … ' 현수막 빛바랜 글씨처럼 마음의 빚은 어쩔 수 없네.

(60)
부끄러운 어깨선 드러내던 오름의 능선에 쇠막대 박더니/이제 와 보이는 건 쇠부구리같이 박힌 콘크리트 집, 집, 집/산담에 오롯한 봉분, 돌과 낭이 흐르는 곶자왈은 사진으로만 남습니다.

(91)
제2공항 논쟁의 뒤편에 현재 위에 겹쳐진 미래가 몸을 숨기고 있다/탐라개국 혼인지 온평리, 최초의 목마장 수산평야는 어디로/신산, 난산의 목 잘리는 오름들은.

(99)
상상의 화구 호수, 작은 언덕의 콜로세움 하논 분화구/하늘과 땅이 층층이 쌓여 눈 아래 고스란히 남아 있는 수 만년의 생태계 타임캡슐/보롬이는 그대로이건만 반기는 건 논두렁에 얼굴 내민 농약병과 찌든 물 위 부평초더라.

정감어린 울담과 흑룡만리 밭담, 원담, 산담, 잣담 등의 돌담이 허물어지고 제주의 허파 역할을 하는 곶자왈의 모습이 시인의 눈에서 서서히 사라져 간다. 결국엔 그 귀중한 자연이 사진으로나마 남을까 하는 안타까움을 토로하며, 강정 구럼비와 해군기지에서 마음의 빚을 짊어지고, 제2공항 논쟁에 도내 최초의 목마장 수산평야가 사라져 가고 주변을 지켜주던 오름들 목이 잘려져 나갈 생각을 하니 너무 안타깝고, 하논 분화구에 고개 내민 농약병을 보노라니 안 시인 스스로 부평초 같은 인생이 느껴지는 것이다.

3.

안 시인은 제주의 속살을 안다. 평생을 사는 동안 제주사람들이 의지하며 살아왔던 그 많은 신화와 전설 그리고 제주의 역사와 풍습들이 시인의 속살에도 이미 박혀 들어있다. 옛날 제주에 유배된 광해군의 행적과 인목대비 어머니 노씨의 탁주장사 이야기. 일만 팔천여 신들의 설화에 등장하는 조왕할망과 그 원수인 노일저대귀일의 딸과의 갈등과 연결된 여러 신들, 신구간이라는 이사 풍습. 이렇듯 제주사람들이 품고 살아온 속살이 시인 자신의 것으로 환치되어 내비쳐진다.

(46)

음력 팔월 초하루, 그쯤이면 '벌초허여수광'이 인사/어느 집 산이 '골총되어서라'가 그 집안의 성쇠를 가늠하고 /산담을 경계로 속이냐 바깥이냐 산담걷냐가 씨족의 대수와 장유를 짐작하나니.

(53)

강화 교동도에서 사면 휘장에 싸여 들어온 곳, 행원포구/광해, 그가 걷던 유배길 화북 거로마을에서/유배시킨 인목대비 어머니 노씨의 탁주 한 사발이나 했으려나.

(70)

밥과 불을 지키는 여산부인 조왕할망/그 부인 죽이고 일곱 아들 죽이려던 통시할망/정주목하르방 처첩의 인간사가 삶의 지혜로 살아남았다.

(77)

일만 팔천 신에 빌고 빌며 살았던 제주사람들/신구간, 이때만은 조바심 없는 그들의 삶, 심지어 통시까지도 마음대로 할 수 있는/지금도 이어지는 이사철의 행렬.

제주는 예로부터 척박한 땅이다. 사람들 살림살이가 어려웠고 그 어려움을 호소해야 할 신들도 많이 필요했다. 천지왕이 대별왕 소별왕을 만들고 세상이 만들어지니 사람을 만들고 다시 이 사람들을 아프게 하고 죽음에 이르게 하자니 삼승할망 등도 필요했고 먹고 살 농경에 필요한 농경의 신과 집안 생활에 필요한 신 등 어느 곳에나 신을 모셔야 했다.

4.

제주 땅에서의 생존, 억척스럽게 먹고 살 일들을 여성들이 주로 많이 맡아서 하다 보니 신화의 특징도 여자 주인공들이 대부분이다. 그런 저런 연유로 그 모든 신들을 모시면서 살아온 악착같은 제주 여인들 특히 해녀들의 생명력을 안 시인은 알리고 싶고 그 강인함을 남기고 싶어 한다.

(35)

ᄒᆞ끌락헐 땐 먹엉살젠 큰 후젠 아이덜 공부시키젠 물질/ᄒᆞᆫ 숨에 구살 ᄒᆞᆫ 줌 두 숨에 구젱기 두 줌, 망사리 ᄀᆞ득/그지픈 세월 지나니 이제는 할망바당 ᄌᆞᆷ네일세 .

(50)

오늘도 무사히 마음속 용왕님전 비는 바다를 닮은 해녀들의 불턱/그 깊은 바다 속내의 나눔, 고단한 경험의 공유/살아 있음에 감사하며 파르르 떠는 몸 녹이는 그녀들만의 휴식처.

(51)

하얀 꽃잎 피어나는 목숨 질긴 문주란文珠蘭, 토끼섬을 아시나요/그 속에 숨어 있는 해녀들 콩 이야기를 아시나요/식솔 늘어나는 것이 두려워 뱃속 태아를 지우려 먹었던 목숨 질긴 해녀콩 이야기 말이외다.

(87)

오늘도 제주 바당 해녀들은/칠성판 지엉 나상 곱닥흔 우미 바당 속 걷당 보민 /물 밖은 테왁만 동동.

제주! 하면 돌 바람 여자가 우선 떠오른다. 예부터 제주의 척박한 환경을 대변해 주기 때문이라 생각된다. 돌과 바람은 거친 환경이고 여자는 그 거친 환경 속에서도 앞에 기술한 것처럼 먹고 사는 일에 앞장섰기 때문이다. 제주어로 '즘네'라 일컬어지는 해녀가 자식들 공부시키랴 먹고 살기 위한 수단으로 성게 소라 따위 해산물 잡이 물질을 하는 생활 모습. 바닷가에서 '오늘도 무사히' 라고 용왕님전에 비는 모습. '불턱'에서의 휴식. 듣기만 해도 가슴 아픈 해녀콩 이야기 등, 이처럼 돌과 바람의 척박함 속에 숨겨진 따뜻함과 촉촉함이라는 긍정 속에서 삶을 일구어 온 즘네들의 강인함을 드러내 준다.

5.

제주 현대사에 가장 뼈아픈 상처가 4.3이다. 제주어로 '분쉬 읏인' 서민들이 무수히 희생당한 아픔의 현장들을 보며 시인은 그냥 지나칠 수 없다. 한 장면 한 장면을 떠올리게 하는 그 현장에서 아픔을 공유한다. (33)의 대화체 시 속에 은유된 아픔의 가정사들이 제주엔 부지기수다. 안 시인은 '북촌리 너븐숭이 애기무덤' '대낭 숲'등 듣기만 하여도 등골이 오싹해지는 피바다의 현장을 상상하며 그 시대의 고통을 가늠해 본다.

(33)
할망 서넛 햇볕을 쬐며 서로 안부를 묻는다/그 집 성제는 멧이라, 싯은 어령 죽고 4.3에 둘 죽고 남은 게 여섯마씀/게난 흔 베라, 아이고 놉도 빌어수다.

(74)
노란 유채꽃이 필 때쯤이면 북촌초등학교에는 울부짖음이 둥둥거립니다/손님들 방문에 너븐숭이 순이삼춘과 옴팡밭 애기무덤도 깨어납니다/길 잃은 나그네는 선흘리 불카분 낭에서 한 숨을 가라앉힙니다.

(97)
길가다 아무 것도 없는 대낭 숲에 거친 바람 소리칠 때면/불타버린 사월 그 날이 섬광처럼 다가선다/그것들은 그 자리에 그대로이건만 눈길은 남음과 사라짐 사이를 헛돈다.

하지만 안 시인은 그런 상처가 있었더라도 어쨌든 살아가야 한다는 의지를 강조한다. 육지 사람들과의 만남과 이별, 배비장 무대와 제주목사 이야기 등을 통해 제주 역사를 포용함과 동시에 조병화의 의자를 비유하며 제주는 넉넉함과 편안함이 있는 곳이라 믿는다. 인간의 탄생과 죽음의 순리 속에서 숨비소리와 함께 '삶'을 외치는 이여도싸나! 제주 어디에나 살고 있는 바람과 같이 제주사람들은 '코지와 개가 리듬으로 드러내 눈으로 보는 변주의 풍요를 듣고 있노라면/ 어느새 바다는 이어진 선이 되고/ 제주섬은 모아진 점으로 남는다.(65)'며 포용과 상생의 울림으로 살아가고 있는 섬임을 말하고 싶은 것이 아닐까?

(49)
낯선 땅 제주의 첫 걸음을 내딛던 별도포/제주 사람과의 만남과 이별, 그 배비장 무대/제주목사 살려낸 고으니ᄆᆞ루 뱀, 뱃길 무사無事 해신사로 남아 있다.

(61)
아홉 개의 샘, 하늘이 내려줬다 해서 낙천/불미간의 시작이 아홉굿마을이 되고/그 곳에 조병화의 의자가 아니더라도 그저 가다가 누구나 쉴 수 있는 천 개의 의자가 산다.

(85)

애기 홍그는 소리 자랑 자랑 웡이 자랑/어화 넝천 어화로다 행상行喪 소리/고맙게도 숨비소리와 함께 지금까지 남은 이여싸 이여싸 이여도싸나 .

(95)
제주 어디에 가나 바람이 산다/올레 울담에 앉아 있다가 오름에 누워 있다가/소리치며 솟아오르는 바람과 함께 울림이 된다. 그제야 제주사람들의 섬이 된다.

6.

제주도 한 바퀴를 바닷가로 돌다보면 바람이 그려놓은 듯한 모양의 나무를 많이 만날 수 있다. '해안도로변 어디에서나/홀로 선 나무들은 머릿결 흩날리는 여인네/비원의 제주 바다를 향해 서 있다.(15)'처럼 풍상에 휘어지면서 제주라는 환경을, 자연의 섭리를 그대로 순종하며 표현한 자태의 나무들. 예술처럼 휘어지며 버텨 사는 그 나무들이 척박한 제주섬에 살아가는 강인함 그 자체가 아닐까한다. 안 시인은 제주가 품고 있는 이러한 모든 것들, 제주의 정체성을 그려내고 싶은 것이다. 그리곤 지나간 시절과 계절을 떠올리며 '굽데가리 없던 무충이, 잘 하는 게 없는 서툰바치/그런 뚜럼들이 살았던 제주/그런- 곳, 그 속에서 사알-던 때(62)'를 사뭇 그리워하고 있지 않을까.

> (45)
> 차작차작 유월 장마 들면/이집 저집 따다닥따다닥 보리볶는 소리/개역, 그 구수함의 계절이여.

> (75)
> 보리태작 ᄀ시락은 가슬락 가슬락/모인조팝도 가슬락가슬락/등따리는 와싹와싹, 그 시절 뜨겁던 태양 아래 풍경이 떠오르는 이 시절.

'폴 발레리'는 시의 정의를 '시는 절규, 눈물, 애무, 키스, 탄식 등을 암암리에 표현하고자 하는 것, 또 물체가 외견상의 생명이나 가상된 의지로써 표명하고자 하는 그런 것, 또는 그런 것을 절조節調있는 언어로 표현하거나 재현하고자 하는 시도이다' 라고 했다. 이 정의에 비춰 보면서 안상근 시인의 「한 컷 제주 100」은 바로 그런 의도로 '제주사랑'을 한껏 풀어놓은 시집이라 생각한다.

제주의 속살, 따뜻한 서정
— 안상근 시인의 시세계

원진숙(서울교대 교수)

나는 십수 년 전 우연한 기회에 평가원 교과서 검정 업무 중에 안상근 시인과 인연을 맺었고, 양문회라는 조직의 일원이 되어 그와의 우정을 이어오고 있다. 내가 시인이나 문학평론가도 아니면서 안상근 시인의 시집 뒤에 이렇게 부족하나마 몇 글자 덧대게 된 것은 순전히 양문회를 통해서 함께 해 온 인연 때문이다. 소소한 인연들이 곧 사람의 운명이란 내 믿음은 이번에도 빗나가지 않았다. 새삼 이 귀한 인연에 감사한다. 양문회를 통해 지난 십수년간 1년에 한 번씩 만났던 안상근 시인은 언제 봐도 사람 좋은 호방한 미소와 편안한 표정으로 따뜻한 훈기를 뿜어내는 마음 든든한 친정 오라버니 같은 면면을 지닌 분이었고, 내가 아는 한, 가장 산뜻하고 기분 좋은 제주도 남자다.

뭍사람인 내게 제주는 언제나 별천지였다. 제주도 여느 마을 올레길에서 흔히 만날 수 있는 얼기설기 쌓은 돌담이랑 그 돌담 사이에 지천으로 피어있는 노오란 유채꽃이랑 한가로이 풀을 뜯는 조랑말들이 어슬렁대는 배경으로 끝 간 데 없이 펼쳐진 코발트 빛 바다와 하늘 풍경은 나같이 건조한 뭍사람을 단박에 매료시키는 별천지일 수밖에 없었다. 그리고 내가 아는 한, 이 별천지에서 가장 제주도 남자다운 살뜰한 인정과 따뜻한 가슴을 가진 이는 바로 안상근 시인이다. 언제 봐도 그 사람 좋은 호방한 미소와 편안한 표정으로 온기를 전하는 안상근 시인은 천상 교육자요, 속 깊은 자애로움을 지닌 친정 오라버니 같은 분이다.

안상근 시인의 「한 컷 제주 100」은 그의 문학적 정체성이 제주도라는 공간에 근간을 두고 있음을 각인시켜 준다. 제주도 토박이인 시인에게 제주도의 모습은 분명 선글라스 멋지게 쓰고 어쩌다 한 번씩 제주도를 방문하는 여행객이나 외방 손님의 눈에 비친 제주도의 모습과는 사뭇 다를 것이다.

(23)
ᄇᆞ름 팡팡 불민 모살만 날령 살아져서 웨던 월정리 바당을/선글라스에 눈을 감추고 카페에 앉아/지중해 어느 해변 같다 외치는 육지 손님들

토박이 시인의 눈에 비친 외방 사람들은 'ᄇᆞ름 팡팡 불민 모살만 날령 살아져서 웨던 월정리 바당'과는 한참 거리가 있는 그저 '선글라스에 눈을 감추고 카페에 앉아 / 지중해 어느 해변 같다 외치는 육지 손님들'일 것이다. 이들은 그 혹독한 제주의 바람을 온몸으로 감당하면서 그 바다에 목숨을 걸고 생존을 이어가야 하는 제주도 사람들의 질펀한 삶을 짐작조차 하기 힘들 것이기 때문

이다.

(21)

하가리 연못 연화지 위로 다리가 놓이고/그 앞 감귤 창고는 겉은 그대로지만/속은 간데없이 질 좋은 카페, 외방 손님만 더럭에 북적북적

어디 그뿐인가? 속은 간데없이 외방 손님만 더럭에 북적이는 감귤 창고의 겉모양도 한없이 불편한 풍경들일 수밖에 없을 것이다. 하루가 다르게 땅값이 치솟고 개발 열풍으로 드높은 빌딩이 세워지는 제주도 땅을 바라보면서 시인은 "마을 올레길 넓히자며 울담 뜯고 / 큰 아파트 짓자며 밭담 헐고/ 식게떡 건네던 그 울담, 밭돌 골라 올린 그 장성은 어디에서 볼까나(22)"/하고 안타까움을 토로한다.

외방 사람의 시선이 아닌 그 땅에서 나고 자라 나이 들어가는 시인의 시선은 제주 바다에 이르러 다음과 같이 노래한다.

(10)

제주의 바다는 하늘이었고/하늘은 바다의 울림이었던/그 바다와 하늘은 한 줄의 선으로 남는다.

어느 바람 부는 날 이호 테우 바닷가에 서서 바라본 제주 바다의 풍광이 주는 감동을 과연 어떤 언어로 표현해 낼 수 있을까를 고민하는 외방 사람들에게 이 제주 토박이 시인은 '제주 바다는 하늘이었고, (그) 하늘은 바다의 울림'이라는 존재론적 명제로 명쾌하게 규

정해 주고 있다. '하늘'이었던 '바다'와 바람에 부서지는 '바다의 울림'으로 존재하게 된 '하늘'이 한 줄의 선으로 끝없이 펼쳐진 푸르고 푸른 해수면을 이룬다는 것이다. 그의 언어를 통해서 만나는 제주 바다와 하늘은 너무도 선연한 차라리 한 폭의 그림 같다.

어디 그뿐인가? 그의 언어로 만나는 제주 울담의 바람은 냄새의 후각으로 누런 감물을 곱게 물들인 갈옷을 떠올리게 한다.

> (2)
> 무너진 울담에서 생긴/차가운 바람에/누런 감물 냄새가 잘박잘박 녹아 있다.

무너진 울담 사이로 몰아치는 차가운 바람은 누런 감물 냄새가 잘박잘박 녹아든 갈옷이라도 만드는 것일까? 누런 감물 냄새가 차가운 바람에 잘박잘박 녹아 있다는 표현은 시를 읽는 이들의 오감을 자극하여 어느새 제주 햇살과 바람과 이슬로 만드는 갈옷이라도 한 벌 몸에 걸친 듯한 정겨움과 멋스러움을 느끼게 해준다.

> (4)
> 모살 고망 게실게실/게들레기도 제 집 찾아 돌아가고/촐랑생이 똥깅이는 돌 트멍으로 들어가 눈구녁만 벨롱

안상근 시인의 선연한 언어 사용은 제주 사람이 아니면 감히 시늉도 못할 유창한 토속어로 읊어대는 해학적이고 감각적인 표현들에서 절정을 이룬다. 한참을 바라보아도 지루하지 않은 제주도의 풍광을 시인은 마

치 화가가 거침없는 붓질로 대담하게 한 폭의 화폭에 코발트빛 물감으로 천연덕스럽게 그려넣듯, 때론 '어둠 속 제주 파도가 면도날처럼 바람 아래 반짝 하얀 날을 세우듯' 날카로운 직관으로 자신이 나고 자란 제주의 하늘과 바다와 땅을 '어릴 적 내 옷에 덧댄 천의무봉 어머니의 바느질'같은 솜씨로 편안하면서도 자연스럽게 그려내고 있는 것이다. 역시나 그 하늘과 바다와 땅을 닮아 편안하면서도 자연스럽게 그려내는 그의 시들은 온전히 제주의 속살 그 자체다.

앞으로도 안상근 시인은 그 선한 눈과 겸손함으로 우리로 하여금 제주의 정겨운 속살을 보여주리라. 그 땅과 더불어 잘박잘박한 느낌의 잘 우러난 시인의 서정이 또 얼마나 많은 즐거움을 선사해줄지 벌써부터 마음이 설렌다.